AF262376

PROCÈS - VERBAL

RELATIF

AU RETOUR EN FRANCE
ET AU PASSAGE
DE SA MAJESTÉ LOUIS XVIII
A BOULOGNE-SUR-MER.

DÉLIBÉRATION

QUI RÉTABLIT

LA FÊTE DE LA SAINT MARC.

BOULOGNE.

Imprimerie de Mad.me V.e OLIVIER-DOLET, rue des Pipots.

MAI 1814.

EXTRAIT
DU REGISTRE AUX DÉLIBÉRATIONS
DU CONSEIL MUNICIPAL
DE LA VILLE DE BOULOGNE-SUR-MER.

Séance du 28 Avril 1814.

CEJOURD'HUI 28 Avril 1814, le Conseil Municipal, convoqué en vertu de l'autorisation de M. le Sous-Préfet et présidé par M. le Maire, s'étant réuni en la salle des séances, se sont trouvés présens MM. MENNEVILLE, Maire ; FRANÇOIS DELPORTE, GROS, BERQUIER-NEUVILLE, ADAM, DUPONT-DELPORTE, WISSOCQ, DETRÊVET, CARON, VIÉVILLE, GALMOY, DUCARNOY, GUÉROUST, PÉNEL, GRANDSIRE père, AUDIBERT, VASSEUR, DEWISME, GRANDSIRE-BELLEVAL, CARY, COUSIN et MERLIN-DUBROEUIL.

Il est fait lecture du procès-verbal de la dernière séance, lequel est adopté.

M. le Maire annonce que M. WISSOCQ, membre du Conseil Municipal, a rédigé le procès-verbal relatif au retour et au passage du Roi : il en est donné lecture : le Conseil en adopte la rédaction à l'unanimité, et arrête que ce procès-verbal sera imprimé, adressé aux Autorités supérieures, distribué à chacun de ses membres, et que des exemplaires en seront, en outre, déposés à la Bibliothèque publique de la Ville.

SUIT LA TENEUR DU PROCÈS-VERBAL.

Procès-verbal relatif au Retour en France et au Passage de Sa Majesté LOUIS XVIII à Boulogne-sur-mer.

LE 10 avril 1814, les Autorités constituées, qui avaient pris la veille la Cocarde blanche, les Fonctionnaires et Employés publics, et les Ministres du culte, se réunirent, à deux heures de l'après midi, à l'hôtel de ville, sous la présidence de M. le Comte de Castéja, Auditeur au Conseil d'Etat, Sous-Préfet de l'arrondissement. Une foule immense se pressait sur les deux places autour de l'hôtel de ville. Après un discours plein d'amour et de sentiment, et fréquemment interrompu par les acclamations et les applaudissemens

de l'assemblée, M. le Comte de Castéja a lu la nouvelle charte constitutionnelle qui replace sur le trône LOUIS XVIII, et rappelle les augustes descendans du Bon Henri, ces princes l'amour et l'espérance des vrais français. L'acte d'adhésion à la constitution et aux divers décrets du Sénat, est aussitôt signé aux acclamations sans cesse répétées de *vive le Roi ! vive Louis XVIII ! vive Madame la Duchesse d'Angoulême ! vivent les Bourbons !* acclamations que les airs chéris, joués par la musique de la garde nationale, rendaient encore plus énivrantes. On se rendit ensuite à un banquet préparé à l'ancien Palais épiscopal, où près de cent cinquante personnes se trouvèrent réunies à une table en fer à cheval. Au dessert, la santé du Roi, celles de Madame la Duchesse d'Angoulême et de l'auguste famille des Bourbons, furent portées avec l'enthousiasme le plus vif ; des couplets, que l'amour pour l'illustre sang de nos Rois avait dictés , furent chantés avec l'accent du sentiment qui les avait inspirés , et chacun se retira le cœur plein d'émotion, d'attendrissement et d'espérance.

Le 11, au matin, le capitaine de vaisseau John Ross, commandant la station anglaise du Pas-de-Calais, se présenta en rade sur un bâtiment parlementaire, et annonça officiellement que Sa Majesté LOUIS XVIII arriverait le lendemain à Boulogne ou à Calais, selon la direction du vent, et qu'avant de quitter l'Angleterre, Sa Majesté avait demandé et obtenu de Son Altesse Royale le Prince Régent, la liberté de tous les prisonniers de guerre français détenus en Angleterre, sans distinction. A cette nouvelle, qui répandit la joie dans toute la ville, une garde-d'honneur fut sur-le-champ organisée, et tous les préparatifs furent faits pour recevoir dignement le Roi.

Le 12, de grand matin, M. le Comte de Castéja, accompagné de M. le Baron d'Ordre, chef de la première cohorte urbaine, s'embarqua pour aller au-devant de Sa Majesté, et lui porter, avec son hommage particulier, le vœu et l'expression des sentimens d'amour, de respect et de fidélité de ses administrés.

Arrivé en Angleterre, M. le Comte de Castéja ayant appris que le Roi se trouvait encore à sa campagne de Hartwel, à quarante milles de Londres, se hâta de s'y rendre, et fut témoin sur la route de l'enthousiasme qu'excitait la vue de la cocarde blanche, et du vif désir qu'une réconciliation sincère et une union durable s'établit désormais entre les deux nations trop long-tems rivales. M. le Comte de Castéja et M. d'Ordre qui l'accompagnait, étaient les premiers Français que le Roi et les Princes voyaient depuis les grands évènemens qui venaient de se passer à Paris. Leur vue causa une vive émotion au Roi et à toute la Famille Royale, qui les accueillirent avec cette bienveillance et cette bonté innée au cœur des Bourbons.

Le 16 avril, M. le Comte de Castéja, de retour à Boulogne, annonça qu'il avait une communication à faire au Conseil Municipal, de la part de Sa Majesté.

Le Conseil Municipal fut aussitôt convoqué. M. le Comte de Castéja s'empressa de s'y rendre, et dit : « Messieurs, je vous apporte, en quelques mots, l'oubli de vos » longues fatigues, et la consolation comme la récompense de vos peines et de vos travaux.

» Le Roi, instruit de votre esprit de justice et de dévouement à tout ce qui est beau » et bon, et de l'attachement que vous lui avez montré aussitôt que vous avez pu » donner un libre essor à vos sentimens, m'a chargé de vous témoigner sa haute

» satisfaction. Il sait que vous avez maintenu l'ordre, en comprimant toute effervescence,
» même celle produite par la joie des derniers évènemens : il vous en remercie ; et je
» m'applaudis d'apporter à des collaborateurs, dans lesquels j'ai trouvé des amis, les
» témoignages touchans des sentimens d'un Souverain qui préfère au titre de Roi, celui
» de Père de ses sujets. »

M. le Comte de Castéja parla ensuite au Conseil Municipal des sentimens paternels
du Roi, de la bonté, de la simplicité touchante de Madame la Duchesse d'Angoulême,
de MM. les Princes de Condé et de Bourbon, de leur admiration pour nos armées
et de leur amour pour les Français.

M. le Comte de Castéja parlant au Roi de la vente des approvisionnemens de guerre
des places fortes, comme d'une ressource pour le trésor, le Roi lui dit : « *Ces appro-*
» *visionnemens ne sont-ils pas le fruit des privations et des larmes du peuple des*
» *campagnes? Monsieur, avant d'être Roi, je suis Père.* »

Parmi beaucoup d'autres expressions non moins paternelles, sorties du cœur du Roi,
M. de Castéja rapporta encore avoir entendu dire à Sa Majesté ces paroles touchantes,
si dignes d'un petit Fils de Henri IV : « *Le Roi qui cesse d'être Père, devrait cesser*
» *d'être Roi. Je veux qu'on ne me parle jamais du passé. Je ne veux voir dans les*
» *Français que mes enfans, quelles qu'aient été leurs opinions.* »

En parlant de l'armée, que vingt années de victoires ont tant illustrée, le Roi a
dit : « *La gloire de l'armée appartient à la Nation. J'ai applaudi à ses succès ;*
» *j'acquitterai envers elle la dette de la Patrie.* »

En parlant du commerce, le Roi a dit : « *J'accorderai aux négocians toute liberté,*
» *persuadé que leur intérêt leur en apprendra plus que les réglemens d'un Ministre.*»

Cette communication et ces détails furent entendus avec le plus vif attendrissement,
et suivis des acclamations répétées de *vive Louis XVIII ! vivent les Bourbons !*

Chaque jour passaient de grands personnages qui se rendaient auprès de Sa Majesté,
et chaque jour toute la ville attendait avec impatience le moment fortuné où elle
jouirait du bonheur de voir et de posséder son Roi.

Enfin, le vent continuant de souffler à l'ouest, grand frais, et favorisant le passage
par Calais, l'on fût informé, le 23, que le Roi y débarquerait le lendemain, vers les
trois heures de l'après midi. Le soir, une vive canonnade, dans la direction de Douvres,
annonça que le Roi y était arrivé. On se porta en foule sur la côte, et tous les regards
et tous les vœux se dirigèrent vers le lieu où reposait le Prince qu'appelaient tous les
cœurs. Le 24, au soir, l'on apprit que le Roi, après une traversée aussi prompte
qu'heureuse, était debarqué à quatre heures de l'après midi à Calais, et qu'il serait
le lendemain à Boulogne. A cette nouvelle, toute la ville retentit de cris d'allégresse,
et les mêmes acclamations se prolongèrent long-tems au spectacle, où la même nouvelle
fut officiellement annoncée.

Le 25, tout était disposé pour la réception du Roi, et déjà une partie de la population
était sortie de la ville pour jouir plus tôt du bonheur de voir Sa Majesté, lorsqu'un
courrier vint annoncer que des obstacles imprévus retenaient le Roi à Calais, et qu'il
ne serait à Boulogne que le lendemain vers les 4 heures de l'après midi. Si ce retard

contrista, on chercha à s'en consoler, en faisant de nouveaux préparatifs pour donner de nouvelles preuves d'amour à notre Souverain.

Le 26, dès le matin, le pavillon blanc flottait à toutes les croisées et sur toutes les tours ; les rues, par lesquelles devait passer Sa Majesté, étaient tendues en blanc, sablées et jonchées de fleurs et de verdure ; des emblêmes et des devises ingénieuses décoraient un grand nombre de maisons et les édifices publics. Deux vastes tentes, en forme de pavillons, surmontées de drapeaux blancs, et élégamment ornées, avaient été construites à l'extrémité de l'avenue de la Porte-Neuve, à l'endroit où les routes de Calais et de Saint-Omer viennent se réunir et se confondre.

A deux heures de l'après midi, trois coups de canon donnèrent le signal de la réunion. Aussitôt des cris de joie éclatèrent dans tous les quartiers de la ville ; toutes les boutiques furent fermées, et la population se précipita en foule au-devant de Sa Majesté. La garde-d'honneur à cheval, commandée par M. le Comte de Ste. Aldegonde, se porta en avant ; les troupes occupèrent les divers postes qui leur avaient été assignés. M. le Préfet et M. le Sous-Préfet, M. le Maire, accompagné de ses adjoints et du conseil municipal, les autorités constituées, les fonctionnaires et employés publics, se rendirent dans la tente de gauche, qui avait été préparée pour les recevoir. Les dames et les demoiselles désignées pour complimenter Madame la Duchesse d'Angoulême, occupèrent la tente de droite. Un peu en arrière, était M. l'Evêque du Pas-de-Calais, avec le dais et le clergé de la ville. Un groupe nombreux de matelotes, dans leur costume antique, brillant de propreté, et gardien de la pureté de leurs mœurs, était aux Moulins. Etaient aussi en avant les divers corps et métiers, avec les attributs de leur profession.

A quatre heures moins un quart, des cris de joie prolongés dans le lointain annoncent l'arrivée du Roi. Bientôt les voitures paraissent sur la sommité des Moulins. Les cœurs battent de plaisir. Les membres des diverses autorités se rangent au-devant de leur tente ; les dames et les demoiselles se groupent du côté opposé. La voiture du Roi s'arrête, et M. le Comte de Castéja, Auditeur Sous-Préfet, complimente Sa Majesté en ces termes :

« S I R E ,

» Ce jour fut et sera pour nous à jamais mémorable par le souvenir qu'il laissera,
» par celui qu'il rappelle. Il y a plus de deux siècles, qu'à cette époque, émigrés fidèles,
» vos Boulonnais, après six ans d'exil, rentrèrent dans leur ville avec les seuls biens
» qu'on ne put leur enlever, leurs enfans, l'image du Christ et la bannière de vos
» pères. Ainsi tous les rapprochemens, SIRE, tous les souvenirs se rattachent à votre
» personne, tout rappelle au respect dû à nos Princes, à ces Princes dont le regard
» commande l'amour, inspire le dévouement.

» Les Bourbons ont été l'honneur de nos pères : pendant huit siècles, ils ont fait
» leur bonheur ; vous ferez le nôtre, SIRE ! Avant de vous connaître, nous vous aimions
» pour eux ; nous vous avons vu, nous vous avons entendu, nous vous adorons
» pour vous ! »

A Son Altesse Royale Madame la Duchesse d'Angoulême.

« Et vous, Princesse adorée, ou plutôt Ange, que le ciel a conservée à la France
» comme pour égaler au plus grand malheur le plus grand bienfait, recevez notre
» hommage ! Entendez la voix de nos femmes et de nos filles ! Si, parmi les cris de
» l'allégresse publique, elle parvient à votre oreille, elle touchera votre cœur. Nous
» n'avons à vous présenter que des fleurs et des vœux : mais ce sont des fleurs et des
» vœux qu'on offre à la Divinité ; c'est ce qu'on devait à son image ! »

Sa Majesté répond, avec effusion de cœur, et dit entr'autres choses : « *Si cette*
» *époque est à jamais mémorable pour les habitans de ma bonne ville de Boulogne,*
» *elle ne sera pas moins chère et moins douce à mon souvenir.* »

M. le Maire présente ensuite les clefs de la ville, et prononce le discours suivant :

« S I R E ,

» Veuve de ses Rois, la France désolée redemandait avec impatience les descendans
» de Saint Louis et de Henri IV. Vous avez, S I R E, la piété éclairée de l'un, et la
» bonté paternelle de l'autre. Vous paraissez, et tous nos maux vont être réparés.

» S I R E, j'ai l'honneur de vous offrir les clefs de la ville de Boulogne, comme un
» gage de l'amour et de la fidélité de ses habitans.

» Que Votre Majesté daigne les accepter ! Les habitans de Boulogne n'ont pas
» dégénérés de ce qu'ils étaient sous vos ancêtres. »

Sa Majesté répond : « *Ces clefs sont vierges ; vous les présentez au Souverain qui,*
» *seul, ait le droit de les recevoir, je les accepte.* »

Sa Majesté prend les clefs et les conserve en signe de sa satisfaction royale pour la
fidélité des habitans, au nom desquels elles venaient de lui être offertes.

La physionomie de Sa Majesté exprimait le contentement, la bonté et la bienveillance
la plus affectueuse. Son accent était celui du cœur. On sentait que c'était un père,
joyeux de se retrouver au milieu de ses enfans.

Madame la Comtesse de Castéja, au nom des dames de Boulogne, complimenta en
ces termes Madame la Duchesse d'Angoulême, qui était dans le fond de la voiture,
à la gauche du Roi.

« M A D A M E ,

» Au nom du Roi se mêle toujours le nom de Votre Altesse Royale. A ces noms se
» confondent dans nos cœurs ce qu'il y a de plus noble et ce qu'il y a de plus doux ; le
» courage qui supporte et la piété qui console. Après vingt ans de malheurs, vingt années
» d'éloignement, mais pourquoi rappeler des souvenirs qu'un seul jour efface ? Nous
» vous revoyons, Madame ! plus de maux, plus d'autres pleurs, que ceux de la joie et de
» l'attendrissement ! Nos yeux se fixent avec respect sur ce front auguste où brille l'éclat du
» premier rang, tempéré par un regard d'une inconcevable douceur. Qui peindrait nos divins
» sentimens ? qui exprimerait notre amour ? qui pourrait rendre notre bonheur ? Les
» premières, nous offrons à la fille de nos Rois nos cœurs et nos vœux. Agréez-les, Madame ;
» ils sont purs ! ils sont sincères ! Vous êtes Bourbon, et nous sommes Françaises !

Les demoiselles complimentèrent aussi son Altesse Royale, et lui présentèrent une corbeille de fleurs. Mademoiselle Decormette prononça, au nom de ses jeunes compagnes, le discours suivant :

« MADAME,

» Nos cœurs sont trop émus pour vous exprimer les sentimens que nous inspire la
» présence de votre Altesse Royale. Quel beau jour que celui où nous avons le bonheur
» de pouvoir contempler la fille des Rois, le modèle des vertus et des grâces ! Le ciel
» nous favorise ; quand la France entière partage notre amour, notre respect et notre
» dévouement pour votre Altesse Royale, il permet que nous soyons les premières à
» lui offrir nos vœux, nos hommages et des fleurs.

Madame la Duchesse d'Angoulême, vivement émue, répondit à ces discours avec cette bonté et cette sensibilité qui la distinguent si éminemment.

M. le Colonel Ramand, commandant d'armes, accompagné de son état-major, ayant présenté au Roi les clefs de la place, Sa Majesté répondit : « *Je ne pourrais remettre* » *ces clefs en de meilleures mains ; continuez à les garder avec la même fidélité.* »

Pendant que le Roi et Son Altesse Royale étaient complimentés, l'on s'était empressé, par un mouvement spontané, de dételer les chevaux, et chacun briguait l'honneur de conduire la voiture de Sa Majesté.

Le cortège, que précédait la musique de la garde nationale, se rendit immédiatement à l'église de la haute-ville. Après les prières relatives à la cérémonie, le *Domine, salvum fac Regem*, suivi du *Vivat*, fut chanté à grand orchestre. La pompe de cette cérémonie religieuse, la piété touchante du Roi et de Madame la Duchesse d'Angoulême, firent sur toutes les âmes une impression qu'il est impossible de rendre. M. l'Évêque ayant entonné le *Te Deum*, le Roi fut reconduit à sa voiture. Les regards ne pouvaient se détacher de sa personne et de celle de Madame la Duchesse d'Angoulême, dont la vue rappelait tant de vertus et tant de malheurs. Tout, dans son Altesse Royale, portait l'empreinte de ses longues souffrances ; mais tout annonçait, en même-tems, son extrême bonté et une âme vraiment céleste. On eut dit un ange descendu du ciel pour consoler la terre.

Au sortir de l'Église, le cortège accompagna le Roi jusqu'à la préfecture maritime, où avait été préparé le logement de Sa Majesté. Le Roi y reçut les autorités civiles et militaires, les divers fonctionnaires et employés publics, la garde-d'honneur et les députations des villes et des départemens voisins. Il parla à tous avec la même bonté, avec la même bienveillance et avec cette grâce affectueuse qui touche et pénètre. Ayant témoigné au conseil municipal sa satisfaction sur le bon esprit qui l'animait, un membre s'écria : « *Sire, nous n'avons tous qu'un cœur pour vous aimer et vous révérer.* » Le Roi répondit : « *Ce que je viens de voir aujourd'hui, me le prouve ; c'est pourquoi je vous porte dans mon cœur.* »

La présentation de M. le Maréchal Moncey a offert une scène touchante. Le Roi, appercevant la cocarde blanche qu'il avait à son chapeau, lui dit : « *M. le Maréchal, cette cocarde met le comble à vos lauriers.* » M. le Maréchal Moncey, vivement touché, s'étant aussitôt baissé pour baiser la main du Roi ; le Roi, ouvrant les bras, lui dit avec émotion : « *C'est dans mes bras que je veux vous recevoir*, M. *le Maréchal ;* » *embrassez-moi.* »

Les matelotes qui avaient été au-devant du Roi, lui furent aussi présentées. Elles chantèrent des couplets pleins d'une expression naïve, et défilèrent ensuite devant Sa Majesté.

Les dames et les demoiselles choisies pour complimenter Madame la Duchesse d'Angoulême, lui furent successivement et individuellement présentées ; elles furent ensuite admises à l'honneur de baiser la main de Son Altesse Royale, ainsi que celle du Roi.

Pendant le dîner du Roi, la musique de la garde nationale exécuta divers morceaux et joua les airs chéris de tous les français.

La Mairie donna, à l'Évêché, un dîner à MM. les gardes-du-corps et aux autres officiers de la suite de Sa Majesté. M. le Maire, ses adjoints et les membres du Conseil Municipal en firent les honneurs. On y porta, avec toute l'effusion et l'abandon de l'âme, les santés suivantes :

A Sa Majesté LOUIS XVIII, père du peuple.

Au Prince Régent d'Angleterre.

A Monsieur, Lieutenant général du Royaume.

A Madame la Duchesse d'Angoulême et aux Princes du sang.

Aux serviteurs fidèles qui sont restés près du Roi et l'ont consolé dans le malheur.

Aux armées françaises.

Le soir, il y eut une illumination générale, et plusieurs se distinguèrent par le bon goût, les emblêmes et l'à-propos ingénieux des devises.

M. le Comte et Madame la Comtesse de Castéja donnèrent, à l'hôtel de la sous-préfecture, une fête à laquelle M. le Prince de Condé, ce Nestor des braves, et M. le Duc de Bourbon daignèrent assister. Ils y apportèrent l'âme des Bourbons, la bonté et l'amabilité. Des couplets y furent chantés, et M. le Prince de Condé répétait avec attendrissement les refrains qui exprimaient l'amour des français pour leur Roi.

Madame la Duchesse d'Angoulême avait fait espérer qu'elle daignerait honorer la fête de sa présence ; mais la fatigue et les diverses émotions qu'elle avait éprouvées dans la journée, ne lui permirent pas d'y paraître. Elle était logée dans la maison de M. le Maire, ci-devant hôtel Desandrouin, situé sur la place de la Mairie. Avant de se coucher, Son Altesse remercia la garde-d'honneur de son service pour la nuit, et dit avec l'accent du sentiment : « *Je suis au milieu des bons Boulonnais ; leur* » *amour est ma meilleure garde.* »

Le lendemain au matin, Madame la Duchesse alla dans l'appartement de madame Menneville, et s'entretint long-tems avec elle ; elle lui dit, entr'autres choses, avec une bonté touchante : « *Je vous ai donné bien de l'embarras ; nous avons fait un* » *peu de bruit ce matin, je crains d'avoir troublé votre sommeil.* »

A 9 heures, Madame la Duchesse se rendit chez le Roi. Toutes les autorités s'y rendirent également, et furent admises au cercle qui eut lieu après le déjeûner.

A 10 heures, le Roi partit pour aller coucher à Abbeville. Toutes les rues par où il devait passer avaient été spontanément tendues et jonchées de fleurs et de verdure.

La voiture de Sa Majesté allait au pas. La garde-d'honneur à pied, commandée par M. Dublaisel Durieux, chevalier de St. Louis, ancien colonel de dragons, et la musique de la garde nationale la précédaient. Un arc de triomphe avait été élevé à l'entrée du faubourg de Bréquerecque, entre les deux chemins. Des enfans vêtus en blanc y jettèrent des fleurs, que Sa Majesté et Madame la Duchesse d'Angoulême recevaient en souriant. Les hauteurs étaient couronnées et les deux côtés du chemin étaient bordés d'une foule immense qui se pressait de jouir jusqu'au dernier moment de la présence de Sa Majesté. Les mères, les larmes aux yeux, disaient à leurs enfans : *Notre père nous est rendu : désormais plus d'allarmes. Plus heureux que vos aînés, on ne vous arrachera point à notre amour.*

Enfin, la voiture de Sa Majesté disparut, et chacun la cherchait encore des yeux.

A l'arrivée de Sa Majesté, et pendant son séjour, les cris d'allégresse, les acclamations de *vive le Roi! vive Louis XVIII! vive Madame la Duchesse d'Angoulême! vivent les Bourbons!* ne cessèrent de retentir dans tous les quartiers de la ville.

Les mêmes acclamations se firent entendre au départ de Sa Majesté, et se prolongèrent long-tems encore après son départ.

La garde-d'honneur à cheval accompagna le Roi jusqu'à Montreuil. Le Roi la congédia dans cette ville, et la remercia de son zèle et des preuves d'attachement qu'elle venait de lui donner.

Le passage du Roi laissera dans l'esprit des habitans de Boulogne et de leurs descendans, des traces à jamais ineffaçables. C'est le 25 avril 1550 que Boulogne retourna sous la domination française, et que ses habitans qui, en 1544, en avaient été chassés, en haîne du refus qu'ils avaient fait de prêter serment de fidelité à une puissance étrangère, et de l'intrépidité et du courage opiniâtre avec lequel ils avaient défendu leur ville, y rentrèrent, après six ans de souffrances et d'exil ; et c'est le 26 avril 1814, et, pour ainsi dire, le même jour et à la même heure, que LOUIS XVIII, après un exil et des souffrances plus longues encore, y fait son entrée solemnelle, aux acclamations de la population entière, ivre de joie et de ravissement de revoir son Souverain chéri, l'ami et le père du peuple. Désormais, en célébrant la Fête de la St. Marc, anniversaire de la rentrée de nos ancêtres dans leur ville, nous célébrerons, en même-tems, l'anniversaire de la rentrée du Roi dans ses Etats, et nos descendans douteront quels furent les plus heureux, ou des Boulonnais qui rentrèrent en triomphe dans leur ville natale après six ans d'exil, ou des Boulonnais qui reçurent leur Roi après un exil de vingt ans, et saluèrent les premiers, du nom de père, le Monarque plein de bonté, qui, rappelé par le vœu unanime de la Nation, revenait pour réparer tous les maux que la licence, l'anarchie et un despotisme affreux avaient fait peser sur la France pendant l'absence de ses Rois.

Fait et arrêté en Conseil Municipal, les jour, mois et an susdits.

Signés au Registre : DELPORTE, GROS, BERQUIER-NEUVILLE, ADAM, DUPONT-DELPORTE, WISSOCQ, DETRÈVET, CARON DE FROMENTEL, VIÉVILLE, GALMOY, DUCARNOY, GUÉROUST, PÉNEL, GRANDSIRE père, AUDIBERT, VASSEUR, DEWISME, GRANDSIRE-BELLEVAL, CARY, COUSIN, MERLIN-DUBROEUIL, *membres du Conseil municipal,* et MENNEVILLE, *Maire,* Président.

AUTRE DÉLIBÉRATION.

Méme Séance.

Le Conseil Municipal considérant que le 25 et le 26 avril seront à jamais célèbres dans les fastes de la ville de Boulogne, et chers à tous ses habitans ;

Que c'est le 25 avril 1550, que les habitans de Boulogne qui, après avoir refusé, en 1544, de prêter serment de fidélité au Roi d'Angleterre, avaient été dépouillés de leurs propriétés et forcés de quitter la ville qu'ils avaient défendue jusqu'à la dernière extrémité avec un courage et une constance héroïque, y rentrèrent après six ans d'exil et le retour de la ville sous la domination française ;

Que c'est le 26 avril 1814, que Sa Majesté LOUIS XVIII, retournant dans ses Etats où il était rappelé par le vœu unanime de la Nation, après plus de vingt ans de malheurs et d'exil, a fait son entrée solennelle dans la ville Boulogne, aux acclamations de tout un peuple ivre de joie de revoir son Roi bien-aimé ;

Considérant que le 2 avril 1551, il fut arrêté «qu'en commémoration de la réduction » et conquête de la ville faite par le Roi, on ferait, chaque année, le 25 avril, jour de » St. Marc, une procession solennelle par la ville, durant laquelle les cloches du Beffroi » seraient sonnées ; que les bourgeois et la garnison sous les armes borderaient la haie » dans les rues où elle passerait ; que l'on chanterait une grande-messe dans l'église de » Notre-Dame ; qu'après la messe il se ferait une prédication pour faire entendre au » peuple le grand bien qu'il avait plu à Dieu et au Roi faire aux habitans de la ville, » de les remettre et restituer en leurs terres et possessions ; et qu'ensuite on brûlerait sur » la place un feu de joie ; »

Considérant que c'est un double besoin pour la ville de Boulogne de rétablir la Fête de St. Marc, qui a été constamment célébrée jusqu'au moment où la licence et l'anarchie ont fait taire toutes les lois ;

ARRÊTE CE QUI SUIT :

Art. 1er. La Fête de la St. Marc est rétablie.

Art. II. Cette Fête sera célébrée tous les ans, le 25 avril, jour de la St. Marc, et comme anniversaire du retour de la ville de Boulogne sous la domination française et de la rentrée de ses habitans dans leur ville dont ils avaient été expulsés, et comme anniversaire du retour de Sa Majesté LOUIS XVIII dans ses Etats et de son entrée solennelle dans la ville de Boulogne.

Art. III. La célébration aura lieu suivant l'usage antique et constamment usité.

Art. IV. Il sera, en conséquence, chanté une Messe solennelle en musique, à laquelle toutes les Autorités civiles et militaires, les Fonctionnaires et les Employés publics, le Clergé des deux Paroisses, les Etudians et les Ecoliers des deux sexes, assisteront.

Art. V. L'Autorité compétente se concertera avec M. l'Evêque pour le rétablissement de la prédication et de la procession, suivant ce qui avait précédemment lieu.

Art. VI. La Garde nationale et les Troupes de la garnison seront sous les armes.

Art. VII. A l'issue de la Messe, le cortège se rendra sur la place, en face de l'hôtel de ville, où le Maire, accompagné de ses Adjoints et du Conseil Municipal, après avoir prononcé un discours qui rappellera le double objet de la Fête, allumera, avec le Commandant de la place, le Feu de joie dressé à cet effet.

Art. VIII. Les boutiques seront fermées et tout travail cessera pendant le tems de la cérémonie.

Art. IX. La cloche du Beffroi et les autres cloches de la ville sonneront, le matin, à midi, au soir, et au moment de la cérémonie.

Art. X. Le Drapeau blanc, aux armes de France, flottera, pendant toute la journée, sur les diverses tours, aux édifices publics et aux croisées des maisons particulières.

Art. XI. Il sera fait une distribution de pain aux indigens.

Art. XII. Tous les ans, le premier avril, le Conseil Municipal s'assemblera pour arrêter les autres dispositions qu'il croira convenables d'adopter, afin de donner à la Fête toute la solemnité que réclame son double objet.

Art. XIII. Le Maire de la ville se concertera avec l'Autorité militaire pour l'exécution des mesures qui concernent cette autorité.

Art. XIV. Sa Majesté sera suppliée de daigner donner son approbation royale à la présente délibération.

Fait et arrêté, en séance, les jour, mois et an susdits.

Signés également au Registre : François Delporte, Gros, Berquier-Neuville, Adam, Dupont-Delporte, Wissocq, Detrévet, Caron de Fromentel, Viéville, Galmoy, Ducarnoy, Guéroust, Pénel, Grandsire père, Audibert, Vasseur, Dewisme, Grandsire-Belleval, Cary, Cousin, Merlin-Dubroeuil, *membres du Conseil municipal*, et Menneville, *Maire*, Président.

Pour copie conforme au Registre.

Le Maire de Boulogne.

MENNEVILLE.